PANÉGYRIQUE

DE

JEANNE D'ARC

PRONONCÉ

DANS L'ÉGLISE DE CHÉCY,

LE DIMANCHE 29 AVRIL 1877

PAR

M. l'abbé Eugène NOTIN

CURÉ DE SAINT-PRYVÉ-SAINT-MESMIN.

ORLÉANS,

IMPRIMERIE ET LIBRAIRIE DE CH. CONSTANT,

Rue Royale, 14.

—

1879.

PANÉGYRIQUE

DE

JEANNE D'ARC

PRONONCÉ A CHÉCY

LE DIMANCHE 29 AVRIL 1877.

—————◦—————

Messieurs et mes frères,

Dans toute notre histoire, il n'est point d'épisode plus merveilleux et plus touchant que celui de Jeanne la Pucelle, envoyée de Dieu pour sauver la France. Sous quelque aspect qu'on envisage la noble Héroïne, on découvre en elle des alliances divines, des grandeurs surhumaines, et ces charmes puissants et sympathiques qui d'abord imposent l'admiration à tout esprit impartial, puis bientôt font monter l'émotion au cœur et les larmes aux yeux

Innocence de la vie champêtre, gloire des combats, tortures d'un supplice immérité, tout est réuni dans cette âme si chrétienne et si française. Et à travers ces étranges vicissitudes, la radieuse figure parait-elle plus grande et plus douce dans la chaumière, sur le champ de bataille ou le bûcher....., qui pourrait le dire? Partout on la voit illuminée de ce rayonnement céleste qui jaillit de sa mission et la transforme aux yeux des peuples et des soldats, étonnés sans doute d'obéir à une jeune

— 4 —

pastoure des Vosges, mais fiers aussi d'être commandés par ce virginal et intrépide capitaine.

Il y a bientôt cinq siècles, habitants de cette grande paroisse de Chécy, et il semble que ce soit hier, tant votre empressement est généreux, votre élan unanime, tant cet anniversaire, dans votre ville, a d'éclat et d'enthousiasme patriotique ! En ces jours-là, placés à l'avant-garde de l'armée libératrice et les premiers à la peine, vous êtes aujourd'hui les premiers à l'honneur. Hommes de cœur, vous ne pouviez oublier que Jeanne aborda sur votre rive, qu'elle a foulé votre sol, que cette église entendit sa prière ; vous n'oubliez pas, et pour conserver à votre pays ce patrimoine de gloire, vous vous réunissez dans le temple du Seigneur, où les souvenirs acquièrent le privilège de ne pas vieillir. Ah ! Soyez en bénis par Dieu et la patrie ; et en ce moment, pour la consolation du présent, comme pour l'enseignement de l'avenir, reprenons encore une fois cette héroïque histoire ; et par la pensée accomplissons un pieux pélerinage à la chaumière de Domrémy, aux champs de bataille d'Orléans et au bûcher de Rouen : à la chaumière pour admirer un *ange ;* aux champs de bataille une *héroïne ;* au bûcher une *martyre ;* et partout, et toujours, notre Jeanne d'Arc, couronnée de la triple auréole de la vertu, de la gloire et du malheur. *Ave Maria.*

I.

La France est née d'un acte de foi sur un champ de bataille, et au jour de son baptême, elle a fait alliance avec la Sainte Église de Jésus-Christ ; grande, heureuse, le plus beau royaume après celui du ciel, tant qu'elle demeure fidèle à ses engagements, — quatorze siècles de gloire sortis du baptistère de Reims en sont la preuve éclatante ; — frappée, abaissée, dès qu'elle manque à la foi jurée, — son histoire au quinzième siècle en fournit une douloureuse démonstration.

« Que vois-je, en effet, pour emprunter à Bossuet ses accents émus, et quel trouble, quel affreux spectacle se présente à nos regards ? »

La monarchie ébranlée jusque dans ses fondements,

la guerre civile, la guerre étrangère, le feu au dedans
et au dehors ; nul frein à la licence, des attentats jusqu'alors inconnus, tous les droits renversés ; des pactes
jurés aujourd'hui et violés demain ; des querelles ardentes
de partis ; des armées sans puissance, des conseils sans
sagesse, des reines sans pudeur, des mères sans en-
trailles, et le sol de la patrie vendu à l'étranger ! Puis
l'oppression et le pillage sous prétexte de la défense ;
les horreurs de la faim après celles de la guerre ; les
campagnes dévastées, les villages brûlés, les sanctuaires
profanés, la confusion, l'anarchie, le chaos en haut et en
bas ; un Anglais proclamé roi de France ; l'invasion qui
avance victorieuse...., et pour remède à cette situa-
tion désespérée, pour digue au torrent dévastateur, un
dauph n avec quatre écus dans son trésor, petit roi de
Bourges qui perd gaîment sa couronne. Ah ! la France
de Charles VII, qui nous en dira les lamentables malheurs ! Grande pitié au royaume de Charlemagne et de
Saint Louis ! La France ?...

      « Il ne restait à la France
      « Qu'Orléans et Dieu ! »

Aussi, Seigneur, souvenez-vous, *recordare*, *Domine*
Seigneur, rappelez-vous que nous sommes les fils
aînés de votre Église, la nation très-chrétienne : sans
doute nous avons péché, gravement péché en voulant
déplacer par une politique sacrilège, la pierre fonda-
mentale de l'édifice catholique, *peccavimus* ; mais consi-
dérez notre opprobre, et arrêtez vos divines repré-
sailles, *Exurge, Domine, adjuva nos.*

Or, en l'année 1412, durant la nuit de l'Epiphanie,
nuit de l'étoile miraculeuse, — au centre de la riante
vallée qu'arrose la Meuse, dans un village dédié à Saint
Rémi qui avait baptisé Clovis ; sous le toit d'une chaumière, naissait une enfant : C'est notre Jeanne d'Arc.
Français, inclinons-nous et saluons son entrée dans la
vie.

Elevée par une mère chrétienne, Jeanne apprit *Pater,*
ave, credo, et aussi à filer et à coudre. « Bonne fille », dit la
chronique, de ferme raison et bon sens, pieuse comme
les anges, pure comme la rosée du matin, douce comme
la fleur des champs, timide comme un agneau, elle
s'occupait aux soins du ménage et à la garde des brebis.
Dès ses jeunes années, elle priait tendrement sous
l'ombrage des grands hêtres, en paissant son troupeau ;

et à l'accent religieux des cloches, elle accourait à l'Eglise pour prier encore, pour pleurer dans le silence mystérieux du sanctuaire et le recueillement des autels, que ses mains virginales se plaisaient à orner des guirlandes de la prairie. Le soir, au foyer de la famille, elle écoutait les récits que son père faisait des guerres et des malheurs de la France, et elle apprenait de lui, après Dieu, à aimer sa patrie.

Mais voici que dans le ciel d'azur de cette jeunesse angélique, si chaste et si fervente, toute embaumée de paix, de bonheur et d'innocence, un éclair brille soudain.

Dans le jardin paternel, séparé de l'Eglise par la demeure des morts, un jour d'été où elle avait jeûné par dévotion, vers midi, au milieu d'une grande clarté, Jeanne entend la voix d'un archange « moult douce et belle qui l'instruit sur beaucoup de choses » ; — puis tour à tour les voix des saintes Catherine et Marguerite; et fréquemment, pendant trois années consécutives, l'archange Michel, protecteur de la France, et les deux Vierges martyres lui parlent « de la grande pitié qui est « au royaume de Saint Louis, de la mission que Dieu « lui donne de chasser l'Anglais, et de mener le roi « à Reims. »

« — Eh, Messire, je ne suis qu'une pauvre bergère, « je ne saurais chevaucher ni conduire les hommes « d'armes ? — Fille de Dieu, va, va, va ; fille au grand « cœur, va en France, je serai avec toi ! »

Ah ! mes Frères, malgré la certitude intime de ses apparitions et de ses voix, malgré l'évidence de l'intervention divine, quelles perplexités ont dû ravager l'âme de la pauvre enfant ! quels combats intérieurs, que de luttes en présence d'une mission si étrange, si surhumaine ! que de frissonnements du cœur, que de larmes avant de faire cette accablante révélation ensevelie jusque là au fond de sa conscience ! L'auguste victime du Calvaire n'a pas échappé à l'étreinte de cette épreuve ni à l'angoisse de l'heure décisive. O Jeanne, vous aussi, ayez bon courage et prononcez le *fiat voluntas* ; prenez le calice amer et que la volonté de Dieu soit faite, il y va du salut de la France ! Oui, quittez la paix, les joies naïves, les riants souvenirs, les douces compagnes de la chaumière pour le bruit et les périls

du champ de bataille : ce n'est plus assez d'être un ange,
Dieu veut que vous deveniez une héroïne : Dieu le veut !

II.

Le duc de Bedfort voulait frapper un grand coup et
nous réduire à l'impuissance. Pour cela, il lui fallait
deux bases d'opérations, l'une dans la Guyenne aux
troupes venant du midi ; l'autre sur la Loire, aux soldats
du Nord ; mais pour commander le cours du fleuve, il
devait enlever à Charles VII toutes les places de la rive
droite, et en particulier Orléans, pour en faire le Calais
du Midi.

A la tête de 10,000 hommes de vieilles troupes,
Salisbury se met en marche, établissant son objectif
sur Orléans. Tout cède sur son passage, et successive-
ment le Puiset, Toury, Pithiviers, Patay, Meung,
Beaugency, Cléry, Jargeau, Sully, reconnaissent la
domination anglaise. Le 12 octobre 1428, Orléans est
abordé par le Sud, en face du fort des Tournelles....
Dieu de Geneviève, de Clovis et de Clotilde, hâtez vous
de nous secourir, *Domine, ad adjuvandum festina*.

Français, voici Jeanne, l'épée de la France !

Voici le secours du Seigneur, *auxilium Domini est* !

En effet, victorieuse dans son âme de ses propres
hésitations, victorieuse des menaces et des séductions
de la famille, des lenteurs dédaigneuses de Beaudricourt
et des arguties des savants de Poitiers, l'ange de la
chaumière est soudain transformée en héroïne. Elle a
franchi 150 lieues de périls continuels. Elle est à Chinon.

« En nom Dieu, c'est vous qui êtes le roi et pas un autre :
« moi, j'ai nom Jehanne la Pucelle, et suis envoyée de
« Dieu ici pour vous porter secours, à vous, gentil sire,
« et à votre royaume. »

Et vous, froids docteurs, écoutez : « Je ne sais ni *a* ni
« *b* ; mais je viens de la part du roi du ciel pour faire
« lever le siège d'Orléans et pour conduire le roi à
« Reims où il doit être sacré ; quand même je
« serais fille de roi, je partirais ; quand je devrais
« user mes jambes jusqu'aux genoux, j'irais ; il faut que
« j'y aille, et j'irai. » — Que c'est bien là l'idéal de
l'héroïne divinement inspirée ! hier encore étrangère ?

la politique, à la stratégie des combats, au métier des armes, simple bergerette ; aujourd'hui soutenue par la force de Dieu, *Consiliis firmata Dei*, elle a son plan de guerre, elle dicte ses ordres du jour ; et à l'éclair de sa parole toute pétillante de la vivacité gauloise ; à l'accent de ses repliques, courtes, animées, militaires ; sous l'ascendant de son entrain chevaleresque, malgré les indécisions de la cour, les froissements des vieux capitaines, tous, hommes d'armes, et courtisans, et roi, et Lahire, et Xaintrailles, et Dunois, tous s'inclinent ; et libre enfin, la voilà, guerrière improvisée et sublime, sur son coursier frémissant, avec sa bannière flottante, son épée aux cinq croix, sa petite armée « bien confessée, « pénitente, » la voilà en marche sur Orléans, devenu le suprême enjeu de la lutte où se débattait le sort de la France, comme l'a très-éloquemment exprimé un de vos savants compatriotes. « En nom Dieu, s'écrie-t-elle « en se voyant sur la rive gauche, à la hauteur d'Olivet, « vous m'avez trompée : le Conseil de Messire était « plus sage et plus sûr que le vôtre ! mais attendez ; « avec le secours de mon Dieu, tout ira bien. »

Heureuse faute de la prudence humaine de Dunois, qui vous valut, à pareil jour, habitants de Chécy, l'insigne honneur de la venue de Jeanne au milieu de vous. La voyez vous débarquer sur votre port, comme l'ange de la délivrance, à l'applaudissement du peuple qui couvre la plage ? La voyez-vous entrer dans cette église ? Les voûtes et les colonnes en frémissent d'allégresse. Voûtes et colonnes, redites-nous la prière de Jeanne ; vestiges bénis de ses pieds libérateurs, renaissez de la poussière des siècles, afin que nous vous baisions avec un religieux respect ! asile noblement hospitalier, protégez son repos : durant cette précieuse halte, pieux habitants, faites-lui « grande révérence, » et l'histoire dans son naïf langage, en conservera pour votre honneur, l'impérissable souvenir.

Enfin, que sans plus tarder, la fidèle et courageuse ville d'Orléans ouvre ses portes : voici la fortune de la France ; c'est le jour de l'héroïne, l'heure de gagner des batailles et de sauver la patrie, *venit hora.*

« Mes armes, mon cheval ; le sang coule… Jamais je « n'ai vu couler le sang français sans que mes cheveux « se dressent sur la tête…. »

Et elle part, et son coursier rapide fait jaillir le feu des pavés de la rue Bourgogne, et dans un vigoureux assaut, la bastille Saint-Loup est emportée. « Ah ! vous « avez été à votre conseil ? Et moi j'ai été au mien ; le « conseil de Messire s'accomplira et celui des hommes « ira à néant ! Vos hommes d'armes batailleront, mais « c'est Dieu qui donnera la victoire ! » Et en effet, chaque jour, dans une série de combats dont vous savez les émouvantes péripéties et les étapes glorieuses, à la porte Bourgogne, aux Augustins, à la bastille du champ Saint-Pryvé, aux Tournelles, aux sanglantes Tournelles, Jeanne arbore fièrement sa bannière, *dux fœmina* ; et calme, vaillante, héroïque, à travers le fer et la flamme, en dépit des sourdes oppositions de ceux qui l'entourent et des résistances acharnées de Glacidas et de Talbot ; après des luttes de géants où elle déploie l'intrépidité, la sûreté de coup d'œil des plus habiles capitaines et l'exquise tendresse d'une sœur de Charité ; malgré son sang qui s'échappe d'une blessure, — mais pour elle du sang c'est de la gloire ; — malgré les larmes de la jeune fille qui reparait par intervalles, sous l'armure de fer ; avec une poignée de soldats chrétiens, elle est partout victorieuse. Orléans est reconforté, Orléans est désassiégé, Orléans chante le *Te Deum* de la délivrance ! quinze mille Anglais fuient dans les plaines de la Beauce ; « et fussent-ils pendus aux nues, Jeanne les aura ; » et avec son élan tout français, sa parole qui vibre comme un trait enflammé : « En avant, «en avant, ils sont tous nôtres ; gentil duc, as-tu peur, » elle les poursuit, les atteint, les écrase à Patay, balaie les bords de la Loire, et à travers mille nouveaux périls, entraîne le roi à Reims !

Venir, combattre et vaincre, voilà cette enfant de dix-sept ans, qui, dans le tumulte de la guerre, prie comme un ange et se bat comme un lion ; reste pure comme un lis et brave comme l'épée de la France, — doux épanouissement du caractère français et chrétien, dans ce qu'il a de plus suave et de plus élevé ; harmonieux ensemble, animé d'un souffle de vie surnaturelle qui transpire à travers sa chair immaculée, rayonne de ses pieds à son front angélique, et nous fait admirer la ravissante beauté de la grâce divine dans une nature parfaite, telle est Jeanne d'Arc, notre incomparable héroïne.

III.

Notre divine religion a pour base le dogme de l'Expiation par la souffrance, *sine sanguinis effusione non fit remissio*. Le Sauveur Jésus a posé lui-même ce principe fondamental, et il l'a appliqué en mourant sur la croix ; c'est par son sacrifice qu'il a racheté l'humanité,

Or, à ses disciples de continuer le mystère de ses douleurs : aux Chrétiens le Baptême du sang, parce que dans la balance des divines justices, pour le salut d'une nation, la couronne d'épines pèse plus que la couronne d'or, une martyre plus qu'une héroïne. Pour faire une héroïne, des qualités suffisent ; pour faire une martyre, il faut des vertus surnaturelles.

C'est pourquoi en ce moment, ayons l'âme chrétienne et le cœur viril afin de comprendre et d'accepter les choses de Dieu. Pour Jeanne, comme pour la patrie, mieux vaut la consécration auguste que donne l'infortune, qu'une fin vulgaire sous le chaume de Domrémy ou à la cour de Charles VII. Dans le premier cas, nous n'avions que l'héroïne, une épopée entre deux idylles, ainsi qu'on l'a dit ; avec le bûcher de Rouen, nous avons un drame complet, un poëme divin avec toute sa splendeur et sa majesté, et ce « je ne sais quoi d'achevé que le malheur ajoute à la vertu. »

Voici donc l'école de la douleur qui commence ; après la mission par l'épée, la mission par la souffrance. Jeanne est aux griffes du léopard, et le donjon de Philippe-Auguste devient le théâtre d'une nouvelle Passion dont les sinistres phases sont saisissantes de ressemblance avec le sacrifice du Calvaire.

Il y a là, en effet, le jardin des Oliviers, avec ses angoisses, ses défaillances, sa solitude aride et désolée ; il y a le prétoire, avec ses Pilate, ses Caïphe, ses Judas, ses ingrats, — ce tribunal d'iniquité où les yeux de l'innocente jeune fille cherchent des juges, et ne rencontrent que des accusateurs et des bourreaux ; il y a ces interrogatoires d'hypocrites vendus à l'étranger, qui du moins servent à faire jaillir des lèvres de la victime ces illuminations de vérité, ces éclairs de bon sens qui éblouissent et déconcertent la tourbe des médio-

crités verbeuses de ce temps là : « Si je suis en état de
« grâce, Dieu veuille m'y garder ; si je n'y suis, Dieu
« veuille m'y mettre. » Il y a toutes les tortures phy-
siques et morales, et enfin, la dernière crise de la
Passion, la mort sur le bûcher, le martyre en haine de
la justice et de la vérité ; en haine de Dieu, de l'Eglise
et de la vraie France, *causa facit martyres.*

> « Tranquille elle y monta : quand debout sur le faîte,
> « Elle vit ce bûcher qui l'allait dévorer,
> « Les bourreaux en suspens, la flamme déjà prête,
> « Sentant son cœur faiblir, elle pencha la tête
> « Et se prit à pleurer !
> « Ah ! pleure, fille infortunée...........
>   « — Après quelques instants d'un horrible silence,
> « Tout à coup le feu brille, il s'irrite, il s'élance.... »

Un dernier cri fendant les tourbillons de fumée, part
de ce temple de flammes : « *Jésus* » et une voix, la voix
des siècles, lui répond : « Fille de l'Eglise et fille de
la France, noble martyre, montez au ciel. »

Héritier de ces vieux rois capables de soutenir la
voûte des cieux avec leurs lances, Charles VII ? mais
non ! fier Clovis, que n'étais-tu là avec tes Francs !

On dit que plus tard on a construit une fontaine sur
l'emplacement du bûcher de Rouen. Ah ! l'eau qui en
découle n'effacera jamais cette tache d'infamie.
Charles VII peut y tremper ses mains pendant des
siècles, cela n'empêchera pas que l'impartiale histoire
redise éternellement : en récompense de ses services
glorieux ; après avoir sauvé la patrie, elle a été prise,
accusée, jugée, condamnée brûlée sous Charles VII.

Mais concluons : Aussi bien ces grands évènements
du passé ne doivent pas nous laisser sans lumière dans
le présent, sans espérance pour l'avenir.

A quelle source, Mes frères, Jeanne d'Arc a-t-elle
puisé son courage, son dévouement, la flamme de sa
vie héroïque ?

Ecoutez sa réponse : « Je suis bonne chrétienne,
« j'aime Dieu, je le sers, et je voudrais soutenir la sainte
« Eglise de tout mon pouvoir. »

La foi religieuse, l'amour de Dieu et de l'Eglise, voilà
donc, avec l'inspiration surnaturelle, le mobile puissant
du patriotisme de Jeanne.

Or, Mes frères, tous vous avez été baptisés en J-C. ;

tous vous avez la foi de notre libératrice ; et aujourd'hui comme il y a cinq siècles, le salut est dans la fidélité à Dieu et à son Eglise. Aussi, conservez avec un soin vigilant cette foi de votre baptême, la foi de Jeanne d'Arc et de tous ceux qui ont aimé efficacement la patrie, *serva fidem* ; ne permettez pas qu'on lui porte atteinte, et malgré les cris de l'impiété et ses doctrines malsaines, demeurez fermes dans la foi catholique, *Fortes in fide.*

Il me souvient avoir vu dans un musée de Naples une armure de sentinelle qu'on ne peut toucher sans produire un frémissement intérieur. Trouvée dans les ruines de Pompéi, près d'un corps de gardes, la lave du Vésuve n'avait pu la chasser de son poste. Eh bien ! Vous aussi soyez d'actives sentinelles aux abords de votre foi ; laissez passer les souffles impurs, et que devant la négation de vos saintes croyances, on vous entende frémir aussitôt dans votre armure catholique. A ceux qui diront que vous n'êtes plus de votre temps, vous répondrez que vous êtes du temps de Jeanne d'Arc, du temps où la foi sauvait la Patrie ; vous répondrez que votre sagesse consiste à bien servir Dieu pour bien servir la France ; et ainsi, bons chrétiens et bons Français, vous vivrez dans les glorieuses traditions de vos pères, et les enseignements « du Livre de Messire où il y a plus « qu'à celui des prétendus réformateurs. »

Ange, Héroïne, Martyre ; réhabilitée par l'Eglise ; immortelle dans l'Histoire, célébrée par le génie, les arts, la péosie ; bientôt couronnée du diadème de la sainteté ; notre salut, notre honneur, notre joie, *Gloria Jerusalem, honorificentia populi.*

> « Jeanne, à ton pays de France,
> « Pense dans les cieux ;
> « D'un pauvre peuple en souffrance
> « Accueille les vœux.
> « N'as-tu pas dans la cabane
> « Laissé quelque sœur ?
> « Si Dieu nous l'envoie, ô Jeanne,
> « Prête-lui ton cœur. »

Ainsi soit-il ! Ainsi soit-il !

Orléans, imp. Ch. Constant.

www.ingramcontent.com/pod-product-compliance
Lightning Source LLC
LaVergne TN
LVHW011934170726
843501LV00011BA/4403